FRANCISCO FAUS

O HOMEM BOM

4ª edição

QUADRANTE

São Paulo

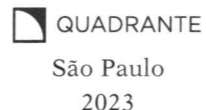

2023

Copyright © 2003 Quadrante Editora

Capa
Provazi Design

Dados Internacionais de Catalogação na Publicação (CIP)

Faus, Francisco
 O homem bom / Francisco Faus — 4ª ed. — São Paulo: Quadrante, 2023.
 ISBN: 978-85-7465-542-0
 ISBN: 978-85-7465-735-6

 1. Amor 2. Bondade 3. Vida cristã I. Título

CDD-241.4

Índice para catálogo sistemático:
1. Bondade : Ética cristã : Cristianismo 241.4

Todos os direitos reservados a
QUADRANTE EDITORA
Rua Bernardo da Veiga, 47 - Tel.: 3873-2270
CEP 01252-020 - São Paulo - SP
www.quadrante.com.br / atendimento@quadrante.com.br

SUMÁRIO

SER BOM 5

BONDADE E AMOR 45

SER BOM

Homens bons

Uma das impressões mais gratas e indeléveis da vida é ter conhecido um homem *bom*. Quando evocamos a figura de pessoas que nos marcaram pela sua bondade, sentimos um misto de admiração e agradecimento. Encontramo-las na vida, talvez tenhamos tido a fortuna de conviver com elas e, sempre que as recordamos, brota-nos de dentro o impulso de pensar ou de comentar: «Esse, sim, era um homem bom!»

Mas se nos perguntam por que dizemos de certa pessoa que é «boa», possivelmente nos será difícil expressá-lo em poucas palavras. Talvez só consigamos descrever alguns traços dessa bondade que tanto nos toca, dizendo: é alguém que trata bem a todo o mundo, tem um coração grande, é compreensivo, prestativo, solícito..., seus sentimentos são puros e generosos... Ficaríamos, porém, com a impressão de não termos sabido exprimir cabalmente o que sentimos, da mesma maneira que não poderíamos explicar a luz do sol limitando-nos a descrever a incidência de alguns dos seus raios na folha verde, no azul de uma janela ou no rosto de uma criança.

Em todo o caso, deixaríamos clara uma coisa, e é que consideramos boa uma pessoa que, dotada de especiais qualidades morais, exerceu sobre nós uma influência benfazeja. Pois acontece que a bondade é captada sobretudo pelos seus efeitos. Talvez não saibamos dizer com exatidão o que *é*, mas certamente sabemos que uma pessoa boa nos *faz bem*.

Com efeito, a bondade, quando existe, nota-se pela sua irradiação. Este é um ponto essencial para captarmos o que é e o que significa.

Sempre que há alguma irradiação — tanto nos seres físicos como nos espirituais —, é porque há «algo» que projeta o seu influxo. Do nada, nada irradia. Só a matéria incandescente é fonte de claridade e de calor. Da mesma forma, a ação benfazeja de um coração sobre o nosso só pode proceder de uma *qualidade* interior desse coração. O próprio Cristo fala-nos da bondade como de um *tesouro interior* do qual podem ser extraídas riquezas que beneficiam os outros: *O homem bom tira boas coisas do seu bom tesouro; e o mau homem tira más coisas do seu mau tesouro* (Mt 12, 35).

O que é, porém, esse *tesouro*? Para início de reflexão, e antes de procurarmos uma resposta, muito nos poderá ajudar delimitarmos previamente as diferenças que separam a *bondade aparente* — falsa bondade — da *bondade real*.

A bondade aparente

Todos conhecemos pessoas que estão cercadas de uma auréola de bondade. Têm fama de bons. Parentes e conhecidos costumam referir-se a elas dizendo: «É tão bom!»... Mas, não raro, começam a frase que assim os qualifica com um adjetivo: «Coitado, é tão bom!...», e acompanham o comentário com um sorriso de condescendência. Logo adivinhamos o que se esconde por trás do adjetivo e do sorriso: uma «bondade» que está unida à falta de firmeza de espírito e de força de caráter. Uma bondade mole e superficial.

Não é que essa «bondade» seja uma «pose» ou uma atitude hipócrita. Não se trata, no caso, de uma pessoa que finja sentir o que não sente. Trata-se de homens ou mulheres que têm bom coração e uma natural inclinação para facilitar a alegria e o bem-estar dos outros. Mas a sua bondade é frágil, inconsistente. Não é autêntica porque se apoia sobre dois pilares falsos: um temperamento complacente e um sentimentalismo brando.

Essas pessoas «bonachonas» — só «bonachonas», não «boas» — fogem instintivamente de qualquer tipo de conflitos ou estridências. Detestam cordialmente brigas e desavenças. Gostam de agradar a todo o mundo e, por isso, tendem a concordar com tudo, a ceder em tudo. A sua maior aspiração consiste em estar em paz com todos e gozar do apreço geral. Sempre nos darão razão — mesmo que não a tenhamos —, contanto que com isso nos sintamos satisfeitos e não nos criem, nem lhes criemos, perturbações.

O «bondoso superficial» parece compreensivo, mas é apenas tolerante. Não é que «compreenda», isto é, que entenda profunda e amorosamente os outros, para assim ajudá-los. Simplesmente, concorda com tudo para ganhar, com a sua condescendência, a estima alheia.

O «bondoso superficial», o «bonachão», quer ser amável, mas não ama. Não passa de um fraco, que não sabe dizer «não». Por isso, os que com ele se relacionam, sabem que, no fundo, não têm um amigo, nem um pai ou uma mãe que os amem na plena acepção da palavra; têm somente um cúmplice muito conveniente.

A criança mimada, que diz «papai é mau» sempre que este a contraria, não se cansa de dizer que a avó é «muito boazinha», porque lhe consente todos os caprichos.

É claro que tais bonachões não são *bons*. E não o são precisamente porque *não nos fazem bem*. A bondade, ou comunica um *bem* — um valor que aumenta a nossa qualidade moral —, ou não é bondade.

As traições sentimentais

Os falsos bons, na realidade, passam a vida alimentando com ramos odoríferos a caldeira do nosso egoísmo, sem reparar que, querendo deixar-nos felizes com a sua brandura, nos fazem deslizar cada vez mais para o abismo da nossa infelicidade. É um fato que só o amor e a verdade nos realizam, e o egoísmo nos destrói.

Por sua vez, o bondoso sentimental é ele próprio um egoísta. A sua máxima aspiração é «ficar bem», «ser agradável», «ser simpático». E, em troca de granjear o nosso apreço, não hesita em abençoar a mentira e acobertar o mal.

O filho ou um amigo estão à beira de desmanchar o casamento por motivos fúteis? Jamais passará pela mente do «bonachão» estender-lhes a mão com sacrifício, ajudá-los a reagir, passar um mau bocado para tentar que reconsiderem o mau passo que estão prestes a dar e enfrentem o dever. Preferirá observar tudo «sem interferir», e achará por bem comentar docemente: «Deixa, ele tem o direito de ser feliz». Uma vez consumada a catástrofe, que pode ter consequências irreversíveis — especialmente para os inocentes, para os filhos —, o nosso homem «bom» limitar-se-á a sacudir a cabeça e a comentar: «Vamos torcer para que dê tudo certo».

É o mesmo que, enganando miseravelmente a sua consciência, deixará passivamente que a filha se envolva com amizades bem pouco recomendáveis, porque não quer atritos e — além do mais — é muito incômodo carregar a etiqueta de «pai antiquado e tirânico». Por isso, não será nem tirano — no que fará bem — nem pai — no que fará pessimamente. E quando estourarem as consequências lamentáveis da sua omissão, chorará lágrimas mansas e se consolará dizendo: «A juventude atual é difícil, é diferente da juventude dos meus tempos». Mas a filha já estará moralmente aniquilada.

Os bons sentimentais e vazios são os protagonistas constantes do que poderíamos chamar a «antiparábola» do bom samaritano.

Na parábola evangélica relatada por São Lucas (Lc 10, 25-37), o bom samaritano encontra estendido na estrada um judeu que acaba de ser assaltado por ladrões e que está ferido e meio morto. Que fazer? O judeu é seu inimigo — pois, como é sabido, judeus e samaritanos se odiavam —, e portanto o problema não parece ser da sua conta. Vencendo, contudo, essas barreiras, decide-se a atendê-lo. E faz tudo para assisti-lo e curá-lo. Primeiro, limpa-lhe as feridas, suavizando-as com óleo e purificando-as com vinho; depois, carrega-o na sua montaria e instala-o numa estalagem, adiantando o dinheiro necessário para que tratem dele. As suas ocupações obrigam-no a afastar-se por umas horas, mas logo volta à hospedaria para certificar-se de que não faltou ao enfermo nenhuma assistência. *Cuidou dele em tudo*, resume Cristo. Por isso, o bom samaritano fica no Evangelho como a imagem perfeita da bondade movida pelo amor.

Pois bem. Imaginemos — caricaturizando a cena — o que teria feito um samaritano «bonachão». Não é difícil descrever a «antiparábola», pensando em tantos homens «bons» que infelizmente andam pelo mundo. Chega ao pé do ferido e sente-se impressionado. «Coitado!», exclama, e acrescenta: «Neste mundo acontece cada coisa!» Acocora-se junto dele, dirige-lhe um olhar terno e limita-se a «consolá-lo»: «Dói muito? Vai ver, não há de ser nada». Nem cogita de intervir no caso: se pegar nele para cuidá-lo, pode «machucá-lo» ou pode «comprometer-se». Limita-se, por isso, a dar-lhe uma afetuosa palmadinha, a colocar-lhe um pano bem almofadado debaixo da cabeça e a afastar-se comovido com os seus próprios sentimentos, ao mesmo tempo que murmura baixinho: «Acho que assim vai sentir-se melhor». Naturalmente o ferido, envolto em tanta «bondade», morrerá poucas horas depois. É possível que o «bondoso» deixe ainda alguma esmolinha para o enterro.

Ironias à parte, qualquer pessoa lúcida é capaz de compreender que isto é o que fazem conosco os bonachões de que estamos falando.

A bondade real

Retomemos uma ideia anterior. Bom, de verdade, é somente aquele que nos *faz bem*, e o *bem* é acima de tudo o valor moral e espiritual de uma pessoa. Portanto, bom mesmo é somente aquele que nos ajuda a ser melhores.

Quando já vivemos um bom pedaço da vida e olhamos para trás, contemplamos um vasto panorama de vicissitudes diversas, de erros e acertos, de perigos que nos ameaçaram, de dúvidas que nos paralisaram, de alegrias e tristezas. Mas, no meio dessas lembranças, todos nós podemos ver brilhar uns pontos de luz que jamais esqueceremos: pessoas que, no momento em que mais precisávamos, nos fizeram bem: «Fulano — dizemos — ajudou-me muito», «significou muito para mim»; «graças a Sicrano, consegui superar um problema grave (ou uma crise ou um estado de ânimo) que poderia ter-me arrasado»...

Mesmo sem darmos por isso e sem dizê-lo explicitamente, estamos falando de «homens bons». Inconscientemente, possuímos a convicção de que foram bons, para nós, aqueles que nos despertaram para ideais mais nobres, que nos deram a mão para levar-nos a encontrar um sentido mais alto da vida, que iluminaram as nossas escuridões interiores fazendo-nos compreender aquilo por que vale a pena viver.

Em suma, foram «bons» os que nos *elevaram* a um maior nível de dignidade moral e nos ajudaram a ser melhores, mesmo que para isso tivessem precisado, em algum momento, de fazer-nos sofrer. Contribuíram, em suma, para que descobríssemos e abraçássemos o *bem*, e não se contentaram com deixar que nos «sentíssemos bem»...

Se, para tanto, foi necessário que nos aplicassem uma enérgica e paciente «cirurgia», não duvidaram em fazê-lo, mesmo sabendo que, de início, não os compreenderíamos. Souberam ter a coragem — pensemos, por exemplo, nos pais e educadores — de dizer-nos serenamente «não» e de manter essa sua posição, em defesa do nosso bem, ainda que nós a interpretássemos como teimosia prepotente e irracional. Passado o tempo, compreendemos e agradecemos o que essa energia amorosa significou para nós.

O homem bom recusa-se a tomar como princípio de comportamento o infeliz ditado segundo o qual «aquele que diz as verdades perde as amizades». Pratica a lealdade sincera quando o nosso bem está em jogo. Certamente, não confunde a sinceridade com a franqueza rude, que se limita a lançar-nos em rosto os nossos erros e defeitos em tom áspero e acusatório. Mas arrisca-se de bom grado a ser incompreendido, a ser tachado de moralista e de intrometido, quando percebe que precisa falar-nos claramente, caridosamente mas sem ambiguidades, e não hesita em praticar aquela excelente obra de misericórdia que consiste em «corrigir o que erra», a fim de levá-lo a encontrar a retidão do caminho moral.

Calar-se, deixando o barco correr... e afundar-se é, sem dúvida, mais cómodo. Alhear-se, ou até mostrar-se conivente com os erros alheios, atrai benevolências e simpatias. Mas é uma forma covarde de omissão e uma triste colaboração com o mal.

Esboço do homem bom

Homem bom é, pois, aquele que exerce sobre nós uma influência benfazeja, uma influência que tem como efeito *elevar-nos*, ajudar-nos a alcançar uma maior altura moral.

Por isso, o homem bom tem, principalmente, uma qualidade: o dom de despertar-nos do sono espiritual, da letargia moral, da mediocridade e da acomodação. É alguém que nos impele a «olhar para cima» e nos ajuda — sobretudo com o seu exemplo — a ver a bondade como uma meta acessível.

O ambiente que nos cerca leva-nos facilmente a ser medíocres. Os idealistas são poucos, e não raro parecem ingênuos ou tolos, se os compararmos com muitos dos que vemos triunfar ou, pelo menos, singrar na vida: os egoístas, os espertos e os aproveitadores. Com efeito, aspirar a pautar a vida pela honestidade, pela fidelidade, pelo mérito, pelo desprendimento ou pela sinceridade — para falar apenas de algumas facetas do ideal moral — pode ser algo de muito belo na teoria, mas dá a impressão de ser muito pouco útil na prática, pouco eficaz na luta pela vida. Na «selva» do mundo, parecem apagar-se as fronteiras que separam o «bom» do «bobo».

Daí que, lá no fundo, muitos prefiram ser «como todo o mundo». E se um idealismo maior lhes bate às portas da alma, afastam-no com desconfiança: não vamos complicar a vida — dizem —, não vamos ser tolos, é mais garantido ficar na «média», como todos fazem; os Ícaros que pretendem voar muito alto com asas de cera acabam despencando ao chão.

Até que, numa hora qualquer da vida, deparamos com um homem bom. O primeiro choque que experimentamos ao tomar contato com ele é o desconcerto. Começamos a vislumbrar nessa pessoa algo de inexplicável — pois foge aos padrões habituais — e, ao mesmo tempo, de estranhamente atraente.

Percebemos que é alguém que pensa de maneira diferente, vive de maneira diferente. Acredita em valores mais altos, abraça-os com serena convicção e não vacila em pautar por eles a sua vida. Prescinde tranquilamente do que a maioria considera imprescindível para ser feliz: o egoísmo interesseiro, o comodismo, o culto do prazer e do bem-estar, o jogo de pequenos e grandes enganos para obter vantagens... Abraça com firmeza a honestidade, a dedicação desinteressada, o sacrifício, o amor serviçal, a renúncia voluntária, para fazer felizes os outros... Parece estar a um milímetro da utopia, da loucura ou da estupidez. E, no entanto, deixa-nos a impressão indestrutível de ser infinitamente mais alegre, mais realizado e vitalmente mais rico do que a massa anódina sobre a qual, mesmo sem o pretender, ele se eleva.

É por isso que o homem bom nos obriga a olhar «para cima» e também «por cima» dos nossos esquemas mentais e das nossas opções rotineiras. É como que uma bandeira que incita a entrar por caminhos novos, caminhos que lá no fundo da alma nós desejaríamos trilhar para curar o coração cansado de sábias espertezas e de prudentes mediocridades. E, com o seu exemplo, vem a dizer-nos que esses caminhos são possíveis e mostra-nos o roteiro a seguir.

A limpa autenticidade do homem bom faz-nos descobrir o norte, o verdadeiro norte da vida, e para ele nos atrai. Dele irradia, sem palavras, um apelo que nos sugere: vale a pena viver assim e é possível viver assim; se nós o conseguíssemos, alcançaríamos a plenitude de paz e felicidade que sempre sonhamos e ainda não conquistamos.

Bondade e coerência

Mas o homem bom não se limita a despertar-nos para a bondade. Faz-nos acreditar nela.

Todos sabemos por experiência que tudo quanto tem «cheiro de falsidade», de hipocrisia, inspira desconfiança; e, pelo contrário, tudo o que é autêntico desperta credibilidade.

A verdadeira bondade infunde confiança precisamente porque está marcada de modo simples, sem ostentações, pelo selo da verdade. Neste caso, da *coerência*. Um homem realmente bom possui uma harmonia habitual entre palavra e vida, entre interior e exterior, entre vida privada e vida profissional ou social. Não tem duas caras, não tem duas vidas, não é duplo. *É sempre o mesmo*.

O hipócrita bem falante pode enfeitar-se de belas frases, gestos elevados e propostas sublimes. Mas todos se apercebem de que tudo isso não passa de um balão colorido, acobertando um imenso vazio. É uma pura encenação, é uma triste farsa. Cristo chamaria a tudo isso o brilho da cal branca sobre o sepulcro de um morto (cf. Mt 23, 27).

O homem bom, pelo contrário, se fala de valores e de ideais, é porque os vive: as suas sugestões, os seus conselhos, as suas correções — quando se trata de corrigir — têm o frescor fecundo das águas vivas que brotam do manancial da alma. São sangue do seu sangue. Por isso movem, tocam, incentivam, atraem. Transmitem o calor da autenticidade. E despertam o desejo de imitação.

Nunca deixa de nos atingir positivamente, e de nos incitar a melhorar, o exemplo ou a palavra de um homem reto e coerente. Todos nos sentimos instintivamente dispostos a levar a sério a opinião, o juízo ou o conselho de uma pessoa que mantém tranquilamente a mesma altura moral e o mesmo grau de bondade em qualquer ambiente. Quer seja no lar, na rua, no escritório ou na roda de amigos, é sempre idêntico a si mesmo: aberto, dedicado, paciente, solícito, construtivo, alegre, cheio de fé. Não tem virtudes de ocasião ou qualidades de feira. Não é o camaleão que se adapta aos diversos ambientes com o afã de «ficar bem». Possui um quilate moral que atravessa, sem distorcer-se, todas as vicissitudes e situações.

Seria bom que os pais pensassem nisto, pois a sua falta de coerência costuma destruir as mais belas falas. E os filhos têm um radar sensibilíssimo para captar o «fundo falso» de todos os sermões dos pais que *dizem e não fazem* (cf. Mt 23, 3).

Vitória sobre a mesquinhez

Devemos acrescentar ainda mais alguns traços a essas qualidades que desenham o retrato do homem bom. É evidente que ser bom não significa ser impecável. Quando o jovem rico do Evangelho se atirou aos pés de Cristo, perguntando-lhe com os olhos a brilhar: *Bom Mestre, que devo fazer para alcançar a vida eterna?*, Jesus respondeu-lhe: *Por que me chamas bom? Ninguém é bom senão só Deus* (Mc 10, 17-18).

Somente Deus possui a perfeição sem defeito, em plenitude. Os homens somos todos falíveis, e os nossos melhores esforços e qualidades vão sempre acompanhados pelo contraponto dos erros, pecados e misérias. Seria, pois, uma ilusão imaginar que o homem de uma só peça que acabamos de retratar não tivesse fissuras nem brechas.

Mas, dentro deste quadro da inevitável debilidade humana, o homem verdadeiramente bom possui uma qualidade marcante: nunca o vemos *dominado* por fraquezas mesquinhas ou baixas. E este é um ponto importante.

O homem bom pode ter — e realmente tem — momentos de ira, de cansaço, de impaciência ou de preguiça. Mas não é escravo de sentimentos pequenos: no seu coração, nunca lançam raízes as paixões baixas do calculismo — não regateia, querendo baratear a sua doação —, da inveja, do melindre, da suscetibilidade, do ressentimento ou da vingança. É um homem fraco e pecador — como todos os homens —, mas ao mesmo tempo é um coração livre da triste teia de aranha que amesquinha muitas almas: o egoísmo e seu irmão gêmeo, o amor-próprio doentio. Tem um coração maior que essas misérias.

Este é outro dos motivos por que a sua bondade irradia, com um calor atraente. A mesquinhez ensombrece e degrada a bondade. Quando admiramos alguém, e inesperadamente descobrimos que está dominado por alguma dessas pequenas paixões que acabamos de mencionar, sentimos uma profunda decepção. É como se a luz divina, que até então iluminava nele ideais de grandeza, de repente se tivesse empanado.

Nobre pela sua coerência e livre de mesquinhez, o homem bom se nos revela assim em toda a sua riqueza espiritual. Só ele é capaz de harmonizar traços morais que, na maioria dos homens, apenas se encontram de forma parcial ou conflitante.

A verdadeira bondade sabe conjugar estavelmente a energia na atuação e a compreensão com as pessoas; o entusiasmo pelos ideais, trabalhos e objetivos, e o desprendimento; a firmeza de critério e a prudente flexibilidade; a equanimidade e o ardor; a serenidade e a paixão; a grandeza de alma, que não se conforma com a mediocridade, e a humildade de coração; a capacidade de ser, ao mesmo tempo, um grande despertador de inquietações — alguém que nos sacode a inércia e o comodismo — e um transmissor de paz.

Qualidades que parecem contrárias, e até incompatíveis, convivem em equilíbrio na alma do homem bom. São como as cores diversas, que se fundem numa única luz. Por isso, o homem bom deixa-nos sempre a impressão de ser um homem «completo», em que as virtudes atingem a medida certa e compõem um conjunto de rara beleza e equilíbrio. É isso que as torna sugestivas e atraentes e incita à imitação.

As fontes da bondade

Contudo, seria um engano pueril imaginar que esse quadro de virtudes é um dom inato, como um privilégio que a fortuna reservasse apenas a alguns eleitos. Ninguém nasce bom. O homem «naturalmente bom» de Rousseau é simplesmente um mito, que a vida, a cada passo, se encarrega de desmentir.

Certamente todos nós possuímos tendências temperamentais que nos inclinam mais facilmente para determinadas atitudes positivas: há homens naturalmente calmos, outros que são temperamentalmente mais afáveis e prestativos, outros ainda que sentem uma especial facilidade para transmitir-nos bom humor... Mas não há ninguém que possa atingir o conjunto das virtudes que constituem a bondade se se deixa levar apenas pelas suas inclinações naturais. Ao lado de tendências positivas, em todo o homem coexiste um molho de tendências negativas. Não é em vão que todos trazemos na alma as marcas hereditárias do pecado original, que nos inclinam para o mal.

Já dizia Tertuliano, o escritor africano do século II, que «o cristão não nasce, faz-se». A bondade não brota espontaneamente, como uma planta silvestre, mas forja-se na alma como o ferro trabalhado na fornalha.

Santo Agostinho, evocando reminiscências de infância, registrava que o espontâneo, no homem — desde os inícios da vida —, é o egoísmo: um egoísmo que às vezes aparece escancarado e cru, e outras mascarado de bons sentimentos e de brandura emocional. Já o considerávamos antes, e é oportuno tê-lo em conta de novo para compreendermos melhor de onde é que surge a bondade.

Qual é, enfim, a forja da bondade? Desde já podemos adiantar a resposta: a bondade é sempre resultante da graça de Deus e da luta, do esforço do homem. É nestes dois pontos que devem ser procuradas as suas fontes.

Num dos primeiros perfis biográficos de Mons. Josemaria Escrivá, recolhem-se palavras do jornalista italiano Giuseppe Corigliano que, num artigo publicado em *Il Giorno* de Milão, refletia sobre a bondade desse homem de Deus, sobre «a sua grande compreensão para com todas as situações humanas, a sua grande capacidade de amar e aquele garbo e simpatia que tornavam agradabilíssimo o seu trato. Conhecendo-o melhor — concluía —, intuía-se que aquela grande capacidade de tratar tão intimamente todas as pessoas era fruto da sua grande intimidade com Deus. Mais do que com palavras, ensinava com os fatos que quem possui uma fé autêntica é mais humano, conserva maior capacidade para compreender a vida e as coisas belas e justas deste mundo»*.

Lembrávamos antes que o encontro com um homem realmente bom produz em nós, já de início, um

---

(*) Salvador Bernal, *Perfil do Fundador do Opus Dei*, Quadrante, São Paulo, 1978, p. 194.

sentimento de surpresa. Ficamos intrigados, tentando achar resposta para uma série de perguntas que a sua bondade suscita: de onde lhe vem essa paciência e afabilidade, unida a uma firme coerência de ideais? De onde tira as forças para não se deixar abalar, desanimar ou corromper pelo ambiente que o cerca? Qual a razão da alegria com que pratica a renúncia e se sacrifica pelos outros com um sorriso? Que força interior o move?

A explicação desses enigmas sintetiza-se numa só palavra: Deus. *Só Deus é bom* (Mc 10, 18), e os homens são bons na medida em que vivem com Deus e de Deus. Por outras palavras, a bondade é comunicada à alma pela união com Deus através da fé e do amor. Quando um homem crê, e faz da fé princípio de vida, quando vai ganhando uma amorosa intimidade com Deus, quando se abre à graça divina, esse homem se «diviniza», vai-se tornando semelhante a Deus (cf. 1 Jo 3, 2). E então atrai precisamente por isso, porque — mesmo carregando com inevitáveis imperfeições — é uma «transparência de Deus».

Conta-se, na vida de São João Maria Vianney, o Cura d'Ars, que certa feita um homem descrente se uniu aos peregrinos que acorriam à cidadezinha de Ars, para ver e ouvir o santo sacerdote. Movia-o a curiosidade, e estava com a ideia preconcebida de desmascarar o prestígio daquele que se lhe afigurava um embaidor de beatas. Teve oportunidade de contemplar de perto o santo, e o simples fato de vê-lo, ouvi-lo e cruzar os seus olhos com os do pobre pároco revolveu-lhe profundamente a alma. Quando lhe perguntaram a sua opinião sobre o «palerma» que fora observar como se fosse uma curiosidade de circo, só soube responder, com a voz embargada: «Vi Deus num homem».

Este é o primeiro e principal segredo da bondade. Poderíamos dizer que o homem bom é como um metal, fundido, purificado e modelado na forja de Deus. A graça divina é o fogo dessa fornalha. Mas a graça exige correspondência. De nada serviria se faltasse o esforço, o «martelar» sincero do homem por modificar os seus pensamentos, sentimentos e ações, e a luta por reformá-los, com decisão e empenho, de acordo com as exigências do amor de Deus.

Não há bondade sem luta. Contando sempre, e em primeiro lugar, com o auxílio da graça, só se torna bom aquele que — por assim dizer — começa por ser «mau» consigo próprio, isto é, por combater decididamente, um a um, todos os desvios — hábitos, defeitos — que o egoísmo tende a enraizar no coração. É preciso insistir neste ponto: não existe bondade se não há uma árdua peleja interior, uma constante mortificação, um «não» enérgico ao egoísmo. Como lapidarmente diz *Caminho*, «onde não há mortificação, não há virtude», não há bondade[*].

E é evidente, por outro lado, que esse combate não se restringe ao interior do homem. Não são só as paixões egoístas que hostilizam os ideais da bondade, pois é preciso

---

[*] Josemaria Escrivá, *Caminho*, 11ª ed., Quadrante, São Paulo, 2016, n. 180.

enfrentar também a pressão do ambiente, da mentalidade e dos costumes sociais que — como uma enxurrada envolvente — se opõem a cada passo aos ideais da bondade e às virtudes cristãs. Por isso, o homem bom tem necessariamente que ser um forte, dotado de firme coragem para se manter fiel aos seus valores, mesmo que estes choquem com o ambiente e suscitem incompreensão.

Somente como resultado dessa luta fiel é que surge, do pobre barro humano, o que São Paulo chama a *criatura nova* (Ef 4, 24), que se vai configurando *conforme a imagem de quem o criou* (Col 3, 10). Quem se esforça por ser bom, acaba realizando em si mesmo — modelado pela graça de Deus — a mais pura definição do homem: *imagem e semelhança de*

Deus (Gen 1, 26). E, por isso mesmo, acaba refletindo na sua vida, como num espelho, a mais simples e bela definição de Deus: *Deus é amor* (1 Jo 4, 8).

BONDADE E AMOR

Abrir-se aos outros

Ninguém é bom, ninguém é bondoso para si mesmo. A bondade dirige-se sempre aos outros: somos bons *para alguém*. Homem bom é aquele que está, de modo habitual e permanente, amorosamente aberto aos outros. Precisamente porque é bom — e, por isso, quer «fazer o bem» —, vive voltado para o próximo, dá-lhe valor e concede--lhe prioridade nos seus interesses. A bondade é sempre calor de coração, que envolve os seres humanos com uma doçura cheia de força. Vamos dedicar as próximas páginas a considerar mais de perto a bondade no seu influxo benfazejo.

Para o homem bom, os outros não são nunca *estranhos*. Não os enxerga nunca como inimigos que ameaçam o recinto fechado do seu egoísmo, provocando interferências e criando incómodos. Nenhuma pessoa é alheia ao mundo do seu «eu». Os outros, sejam eles quem forem, tenham os defeitos que tiverem, fazem parte do seu universo de afetos e interesses. Por isso não o aborrecem nem o surpreendem, pois tem o coração mais inclinado a amar do que a amar-se a si mesmo.

É próprio do egoísmo ver o próximo com uma ponta de reserva: o «outro» é, para o egoísta, um possível «inimigo» de que tem que defender-se ou, pelo menos, precaver-se. O egoísta tem o coração inteiramente ocupado pelo «eu», denso e pesado como o chumbo. Admitir «outros» dentro de si significa ter de aceitar uma sobrecarga. Daí que esteja sempre com receio de que lhe perturbem os esquemas, de que lhe roubem o tempo, de que lhe tirem a tranquilidade, de que lhe exijam renúncias; e sofre por ter que aturar defeitos aborrecidos e limitações cansativas. O egoísta é mal-humorado e impaciente. Incapaz de dar, só sabe receber.

Bem expressiva é, a este respeito, a alegoria do *mata-borrão* e da *fonte*. Os egoístas assemelham-se ao mata-borrão: só sabem absorver, dos outros, o que favorece os seus interesses, o que lhes traz vantagens ou lhes causa agrado. Acontece, porém, que essa absorção egoísta, em vez de enriquecê-los, os destrói. O mata-borrão ensopado fica inservível, desmancha-se todo, e o seu destino final é a lata do lixo.

Outros homens, pelo contrário, podem ser comparados a uma fonte. O manancial dá-se incansavelmente, ignorando o que seja reter ou sugar. O esbanjamento generoso das suas águas não só não os empobrece, como os transforma num foco contínuo de fecundidade. À sua volta, a terra árida transforma-se num jardim e as plantas ressequidas experimentam um estremecer de vida. Para a fonte, viver é fazer viver.

Pois bem, o coração do homem bom, tal como a fonte, vive a criar vida e frutos em todos os que o cercam. Não pensa que lhe tiram o que é seu — a sua paz, a sua tranquilidade, o seu tempo, as suas energias —, porque o seu amor só sabe dizer, como o pai do filho pródigo: *Tudo o que é meu é teu* (Lc 15, 31). Tudo o que é dele está aberto aos outros, e é mais «dele» quanto mais é participado pelos outros.

Benignidade

Livre das sombras do egoísmo, o homem bom possui uma qualidade cativante, que é uma das suas mais expressivas características: é *benigno* com todos.

A benignidade é, antes de mais nada, um especial *modo de ver* os outros. Para expressá-lo de maneira simples, poderíamos dizer que é benigno aquele que enxerga o próximo «com bons olhos», e isto significa que possui uma inclinação habitual para fixar a sua atenção no «lado bom» das pessoas. Dentro do seu coração, está convencido de que não há nenhuma criatura que não tenha valor. Percebe amorosamente que em cada ser humano, de um modo ou de outro, encontram-se as sementes, o latejar do bem. Pois todo o homem, por mais deficiente que seja, conserva — mesmo por entre as mais densas sombras do pecado — a «imagem de Deus», uma «imagem» que pode e deve ser amada.

«Dentro do avarento mais egoísta — dizia Paul Claudel —, no interior da pior prostituta e do mais indecente bêbado há uma alma imortal, santamente ocupada em respirar e que, não podendo fazê-lo de dia, ao menos no repouso do sono pratica a sua adoração noturna». No interior do mais degradado pecador — poderíamos acrescentar — há um santo à espera de que o despertem. E só poderá acordá-lo o amor, o respeito e a confiança de um coração bom.

A bondade não despreza ninguém

Uma atitude que se situa do lado contrário da benignidade é o *desprezo*. Quando Cristo quis desmascarar a «bondade» hipócrita dos fariseus, começou por dizer que *havia uns homens que confiavam em si mesmos, como se fossem justos, e desprezavam os outros* (Lc 18, 9).

O fariseu despreza precisamente porque se considera justo, porque é orgulhoso. Ao julgar-se perfeito e gabar-se das suas pretensas perfeições, considera inferiores aqueles que, em seu conceito, não as possuem: «Não sou como os outros homens», diz, inchado de autocomplacência.

É próprio do orgulhoso manifestar uma irritada intolerância com os defeitos do próximo. Tal é o caso do homem que se aborrece porque a mulher, o colega ou os filhos são desordenados, ou distraídos e lerdos, ou pouco inteligentes, inoportunos, teimosos, rebeldes... Admirando-se a si mesmo como a um «deus», julga intolerável que os demais não sejam «à sua imagem e semelhança». Por isso, está continuamente a lançar-lhes em rosto, de modo humilhante, os defeitos que é incapaz de compreender: «Você nunca faz nada direito», «parece mentira que não tenha um pingo de sensatez», «não há quem o aguente»...

Com essa incapacidade para a compreensão, é natural que o orgulhoso se *canse*, e esse cansaço em face dos demais é outra forma — não menos dolorosa — de menosprezo. Frases como «já chega», «não dá mais», «desisto de tentar», aplicadas ao próximo, indicam que a bondade fracassou dentro do coração de quem as pronuncia. A «decepção» é a morte da bondade.

Mas, vejamos com calma. Por que nos sentimos decepcionados com alguém? Será, porventura, porque o amamos? Não, certamente. É porque nos amamos demasiado a nós mesmos, porque nos adoramos como a um pequeno ídolo ridículo, e por isso exigimos dos outros as qualidades que nos satisfazem e que «servem» a nossa satisfação.

Há, por exemplo, pais que se sentem decepcionados com os seus filhos porque não conseguiram moldá-los como argila, de acordo com o modelo que idealizaram para a sua satisfação pessoal. Tinham feito, como um cineasta, o «roteiro» da vida do «filho ideal», prevendo todas as etapas e calculando todos os detalhes. E eis que os filhos, usando da sua liberdade — e, às vezes, secundando o plano que Deus preparou para eles — rasgam o «roteiro» do pai (vai seguir a mesma carreira que eu, vai trabalhar comigo, vai ser rico e importante, etc.) e traçam o seu próprio caminho. Nessa altura, o pai sente que foram cortados os fios com que pretendia comandar os filhos como marionetes, e mergulha na decepção. Mesmo as mais belas opções de vida feitas pelos filhos, se estão à margem do «roteiro» paterno — por exemplo, dedicar-se inteiramente a Deus, escolher uma profissão menos brilhante mas mais aberta ao serviço do próximo, abraçar ideais de pesquisa científica ou de arte —, parecem-lhe tolices, idealismos estúpidos que vão estragar-lhes a vida. Na realidade, estão estragando apenas os sonhos egoístas do pai.

Também nos cansamos e decepcionamos facilmente com os outros porque não corrigem os seus defeitos — defeitos reais, falhas objetivas — com a rapidez que nós desejaríamos. Uma e outra vez reincidem nas mesmas faltas, continuam com as mesmas reações, mantêm inalteradas as arestas do seu caráter. Então, desanimados, só sabemos recriminar, repetindo como um disco rachado: ele fala demais, esquece tudo, chega atrasado, não me escuta, gasta sem controle etc. E, ao pensarmos nesses defeitos sempre reiterados, sentimo-nos com o direito de dizer: «Isso cansa». Daí a desistir de compreender e ajudar há só um passo, o passo que o «cansado» acaba dando quando se rende à decepção e conclui: «Não tem conserto». Extinguiu-se então a confiança e instalou-se no coração o desprezo. Nas próximas páginas consideraremos como a confiança inabalável nos outros é um dos traços mais belos da bondade.

Atenção amorosa

Não desprezar. Aqui temos o que poderíamos chamar o «primeiro mandamento» da benignidade. Valorizar e confiar, esta é a versão positiva desse mandamento.

Uma das manifestações mais comoventes da bondade de Cristo é a sua infinita capacidade de prestar uma atenção amorosa e confiante a todos, mesmo aos que parecem mais pervertidos e irrecuperáveis. É uma atitude que vemos a cada passo nos relatos evangélicos, ao contemplarmos o modo acolhedor e esperançado com que Cristo encara os pecadores, os miseráveis, todos aqueles que aparecem como o rebotalho imprestável do mundo.

Há, concretamente, uma passagem do Evangelho em que essa atitude se revela com grande transparência. São Lucas pinta a cena com os traços de um drama em que intervêm dois personagens, Cristo e um fariseu chamado Simão. Ambos contemplam o mesmo fato: a irrupção inesperada de uma mulher pecadora na casa do fariseu, onde Jesus estava à mesa juntamente com outros convidados. *E eis que uma mulher, que era pecadora na cidade, quando soube que Ele estava à mesa em casa do fariseu, levou um vaso de alabastro cheio de bálsamo. Estando a seus pés, detrás dEle, começou a banhar-lhe os pés com lágrimas, enxugava-os com os cabelos da sua cabeça, beijava-os e ungia-os com bálsamo* (Lc 7, 37-38). Aquela pobre mulher, tocada na alma pela divina bondade de Cristo, não sabe o que fazer para expressar a sua dor, o seu arrependimento.

Dois pares de olhos fixam-se especialmente nela: os do fariseu Simão e os de Cristo. Ambos observam a mesma cena, a mesma pessoa, os mesmos gestos. Mas veem coisas inteiramente diferentes.

O fariseu fixa na pecadora o olhar do desprezo: *Vendo isto, o fariseu que o tinha convidado disse consigo: Se este fosse profeta, com certeza saberia quem e qual é a mulher que o toca, e que é pecadora.* Simão só vê o «lado mau».

Cristo, pelo contrário, dirige à pecadora o olhar do amor benigno. Mansamente, volta-se para o fariseu e diz-lhe: *Simão, tenho uma coisa a dizer-te...* E o que Cristo vai dizer-lhe, com um laivo de tristeza, é que Simão ainda não aprendeu a enxergar com bondade, ainda não aprendeu a apreciar o valor dos outros com uma «atenção amorosa».

Um credor — começa Cristo — *tinha dois devedores: um devia-lhe quinhentos denários, o outro cinquenta. Não tendo eles com que pagar, perdoou a ambos a dívida. Qual deles, pois, mais o amará?* O que equivale a dizer: Simão, onde tu vês um atrevimento despudorado, eu vejo amor. Esta pobre criatura chora a pena do arrependimento e a alegria do perdão.

E prossegue: *Vês esta mulher?...* — sim, é necessário, é importante conseguir «ver» os outros —, *vês esta mulher? Entrei em tua casa e não me deste água para os pés; e esta com as suas lágrimas banhou os meus pés e enxugou-os com os seus cabelos. Não me deste o beijo da paz, mas esta, desde que entrou, não cessou de beijar os meus pés. Não ungiste a minha cabeça com bálsamo, mas esta ungiu com bálsamo os meus pés. Pelo que te digo: São-lhe perdoados os seus muitos pecados porque muito amou* (cf. Lc 7, 40-47).

Como se percebe bem aqui o modo de *olhar* de Jesus! Mais do que ninguém, Cristo era capaz de penetrar no abismo de mal que o pecado cavara naquela alma. E mais do que ninguém, por ser Ele Deus — Deus feito homem —, podia sentir-se atingido pelo pecado, pois este é, acima de tudo, ofensa a Deus.

Nada disso, porém, passa para o primeiro plano no olhar de Cristo. Na escuridão do pecado que envolve a alma daquela mulher, não detém a vista no que o ofende; só vê brilhar — como a luz que cintila numa noite escura — a bondade que começa a desabrochar naquela alma dolorida. Apenas vê o «lado bom», a raiz de bondade que está a despertar e que Ele pode e quer ajudar a crescer.

O fariseu, sem dúvida, teria expulsado asperamente a pecadora, e com isso certamente a teria ferido, teria abafado a sua esperança, tê-la-ia acorrentado, talvez para sempre, ao seu mal. Cristo estende-lhe a mão e a salva: *A tua fé te salvou; vai em paz* (Lc 7, 50).

Na atitude de Cristo encontramos matéria abundante para meditar.

O espelho dos nossos defeitos

Estamos vendo que a falta de bondade se manifesta, entre outras coisas, pela reação que os defeitos alheios provocam em nós: umas vezes, de impaciência; outras, de desprezo ou cansaço. E já percebemos que tais reações não são propriamente «provocadas» pelos defeitos dos outros, mas são «ativadas» pelo nosso egoísmo ou pelo nosso orgulho.

Talvez compreendamos melhor o que se passa conosco se percebermos que, devido ao nosso egoísmo e à nossa autossuficiência, a primeira coisa que notamos nos outros é a sombra que os seus defeitos projetam sobre o espelho dos nossos próprios defeitos. Por outras palavras, os defeitos alheios incomodam-nos precisamente porque ferem um defeito nosso. Alguns exemplos podem esclarecer-nos.

Não é raro que um marido se sinta tremendamente aborrecido quando, ao chegar a casa cansado no fim do expediente, a mulher se dedica a martelar-lhe os ouvidos com uma longa cantilena de reclamações e lamentos: o elenco das contrariedades do dia. A reação espontânea do marido é perder o bom humor: «Por que não me deixa em paz? Será que não compreende que tenho direito a um pouco de tranquilidade após um dia de trabalho estafante?»

Aparentemente, este marido tem razão. E certamente a esposa faria bem se guardasse para si as suas queixas e se ocupasse em tornar mais amável o convívio familiar. Mas também é verdade que a reação de impaciência e desgosto do marido não nasceu do amor: a ladainha enfadonha da mulher projetou-lhe uma sombra sobre o seu comodismo, feriu o seu comodismo, e por isso o perturbou. Fosse um homem de coração generoso, e a fraqueza da mulher se projetaria sobre o espelho do amor compreensivo, e nesse caso a reação seria outra.

Poderíamos falar também da impaciência do pai que recebe o boletim do colégio do filho enfeitado de vermelhos. É natural que esse mau desempenho nos estudos preocupe o pai e até que o deixe indignado. É lógico que tenha uma conversa menos suave com o filho. Mas, ao mesmo tempo, seria muito bom que analisasse o seu coração e se perguntasse: estou reagindo só por amor ao filho, pelo seu bem, ou porque me humilha que o meu garoto seja dos últimos da classe, e isso projeta uma sombra no espelho da minha vaidade? Pode muito bem acontecer que o sentimento predominante seja este último, e então a impaciência é a reação de um defeito pessoal atingido.

O mesmo poderíamos dizer quando notamos que possuímos uma grande facilidade para «ver» que os nossos colegas são antipáticos, pouco inteligentes, maçantes e desleais..., quando, na realidade, o que «não vemos» é que estamos deixando-nos dominar pela inveja, pois o que nos aborrece é que, apesar de tantas deficiências que observamos neles, estão-se saindo melhor do que nós e tendo maior sucesso no seu trabalho.

Já dizia o Padre Vieira que «os olhos veem pelo coração; e assim como quem vê por vidros de diversas cores, todas as coisas lhe parecem daquela cor, assim as vistas se tingem dos mesmos humores de que estão bem ou mal afetos os corações»*.

(*) *Sermão da quinta Quarta-feira*, 1669.

Quando o coração é limpo e bom, enxerga as coisas limpas e boas do mundo, especialmente as coisas limpas e boas dos outros. Se está manchado, projeta a sua sujidade em tudo.

Se fôssemos mais humildes e esquecidos de nós mesmos, ao percebermos que as fraquezas e os erros dos outros fazem saltar como uma mola os nossos próprios defeitos, começaríamos por tentar limpar esses nossos defeitos. Um pequeno inseto pousado sobre uma ferida aberta incomoda muito. Mas se curarmos essa ferida, a presença do inseto sobre a pele sadia será quase imperceptível.

Meditando nestes aspectos, Santo Agostinho sugeria um sistema excelente: «Procurai adquirir as virtudes que julgais faltarem aos vossos irmãos, e já não vereis os seus defeitos, porque vós mesmos não os tereis»*.

Vale a pena tentar essa experiência. Suponhamos, por exemplo, que estamos a conviver com uma pessoa ríspida. Fala bruscamente, agride com comentários, critica tudo. Isso «provoca-nos» e impele-nos a retrucar com a mesma moeda: quase sem repararmos, também nós nos tornamos agressivos e azedos. Esforcemo-nos por dar uma virada. Tentemos, como ensina São Paulo, *vencer o mal com o bem* (Rom 12, 21). Iniciemos decididamente uma campanha de paciência, amabilidade e mansidão. É muito provável que aconteçam duas coisas: primeiro, que a pessoa que nos «provoca» fique desarmada perante a

---

(*) *Enarrat. in Psalmis*, 30, 2, 7.

nossa afabilidade, e mude; segundo, que nós mesmos, com a alma limpa de preocupações egoístas, venhamos a descobrir que aquela rispidez «incompreensível» outra coisa não era senão a amargura de alguém que não sentia reconhecido e valorizado o seu trabalho; ou então era o queixume surdo de quem tinha ânsias de um pouco mais de atenção que ninguém lhe dava. Uma vez feita essa constatação, já não veremos mais um defeito que aborrece, mas uma carência que, com carinho, procuraremos aliviar. Passaremos a olhar o problema com o calor aconchegante da bondade.

Como dizia alguém, «somente nos irritam os nossos defeitos». As agulhadas e impertinências dos outros são «cutucões» sobre os nossos defeitos, que Deus permite para que os vejamos melhor e nos decidamos a vencê-los. Se arrancarmos os nossos defeitos, as «pedras» do nosso campo — da nossa alma —, não sentiremos mais os «pontapés» dos outros, porque não terão onde tropeçar. Se todos nós compreendêssemos estas verdades simples, haveria mais paz nas famílias e, em geral, no convívio humano, e muitas desavenças crônicas abririam passagem à harmonia.

Desculpar e esperar

É impossível existir bondade sem compreensão. E é impossível existir verdadeira compreensão sem a disposição de desculpar.

Todas as vezes que julgamos uma pessoa e concluímos, como quem dita uma sentença: «Ela é assim», «é insuportável», «é maçante», «é preguiçosa», etc., estamos a *condená-la*. Ao fazer tais juízos, colocamos nos outros uma etiqueta, como se faz num frasco ou num inseto colecionado, e os fechamos nessa definição. Dizer de uma pessoa: «Ela é assim» equivale a perder a esperança de que venha a mudar. Como se partíssemos da base de que vai ser assim para sempre e de que o máximo de bondade que lhe podemos dedicar é apenas sermos pacientes, suportando-a tal como é.

Mas essa apreciação é falsa, está viciada na raiz, porque todo o ser humano tem na alma «sementes de bondade», latentes mas reais, que podem ser desenvolvidas. Nenhuma pessoa consiste apenas nos defeitos que denota exteriormente. Todas têm infinitas possibilidades de bem que —

com a graça de Deus, o seu esforço e a nossa ajuda — um dia podem vir a ser belas realidades. Por isso, Cristo nos manda *não condenar* ninguém (cf. Lc 6, 37), como se já estivesse «acabado».

O contrário de condenar é desculpar e esperar. O coração do homem bom está sempre inclinado a desculpar. Ao julgar os outros, evita usar o verbo «ser» — Fulano *é* assim —, e prefere empregar o verbo «ter»: essa pessoa, que — como todos os filhos de Deus — é potencialmente santa, agora, por uma série de circunstâncias, *tem* tal ou qual defeito, mas isso não quer dizer que sempre deva tê-lo. É muito provável que uma série de dificuldades a levem a comportar--se assim. É justo tê-las em conta. Talvez seja grosseira porque não recebeu uma educação esmerada, ou arrogante porque foi humilhada e sente necessidade de se afirmar, ou impaciente porque lhe dói o fígado... Sempre há uma desculpa, afetuosa, que os «bons olhos» da bondade detectam, uma desculpa com fundamento objetivo, real, que impede que julguemos esta ou aquela pessoa com dureza e, ainda mais, que a desclassifiquemos.

Certamente os outros têm defeitos, como nós os temos, mas felizmente não estão acorrentados por eles como um sentenciado à prisão perpétua. Está nas nossas mãos — está nas mãos da nossa bondade — desamarrar-lhes esses grilhões. Esta é uma das mais delicadas tarefas do amor benigno: não deixar ninguém de lado por impossível, antes dar-lhe a mão, ajudá-lo incansavelmente — com infinita compreensão e paciência — a soltar um a um os elos dos defeitos que compõem essas suas correntes.

Naturalmente, isto pressupõe que saibamos *confiar* — como víamos — na capacidade de bondade das pessoas, e portanto na sua possibilidade de mudar. Já foi dito alguma vez que perder a confiança em alguém é matá-lo. Também é verdadeira a afirmação contrária: confiar em alguém é dar-lhe a vida.

É claro que essa confiança não se confunde com a credulidade ingênua, que fecha os olhos e julga que, afinal, todo o mundo é bom. A verdadeira confiança é outra coisa. O homem bom não é cego nem insensível aos valores. Não deixa de ver o mal, em toda a sua dimensão perniciosa, e chama erro ao erro, e pecado ao pecado. Mas, ao mesmo tempo, acredita com todas as suas forças que aquelas «sementes de bondade» que dormem em cada coração humano podem ser ativadas, podem ser cultivadas. Por isso, arregaça as mangas e, sem reclamar dos espinhos dos outros, trabalha para que neles desabrochem as rosas.

A bondade cultiva o bem

O homem bom *faz bem* aos outros somente com a sua presença, pela força atraente das virtudes. Mas o seu influxo benéfico não se limita a isso. Acabamos de ver que tem a disposição de trabalhar, de fazer alguma coisa para que o bem desabroche nos outros. Vive, para dizê-lo em poucas palavras, a serviço do bem dos outros.

Não há dúvida de que este é um belo ideal de vida. Quem não almeja passar pelo mundo deixando, como Cristo, uma esteira de bondade, *fazendo o bem* (At 10, 38)? Lê-se em *Caminho*: «Que a tua vida — não seja uma vida estéril. — Sê útil. — Deixa rasto. — Ilumina com o resplendor da tua fé e do teu amor»*. Estas palavras são todo um empolgante programa de bondade.

A este propósito, lembro-me de um livro que me causou impressão. Intitulava-se «Viveu para ninguém», e era o romance de um homem medíocre, vulgar, que passou pelo mundo sem deixar rasto algum. Dele se

---

(*) Josemaria Escrivá, *Caminho*, n. 1.

poderia dizer, como um triste epitáfio, que teria dado na mesma se nunca tivesse existido. Seria penoso que um tal epitáfio se pudesse aplicar a nós.

Pois bem, é hora de nos perguntarmos sinceramente o que nós deixamos de bom nos corações e nas vidas dos que vivem e trabalham conosco. Como estamos contribuindo para o seu bem?

Comecemos por convencer-nos de que a primeira ajuda que devemos prestar-lhes consiste em não lhes criar dificuldades. Porque, infelizmente, com frequência somos mais obstáculo do que auxílio. E o pior é que não nos apercebemos disso. Se nos dissessem: «A sua esposa, o seu filho, o seu colega, o seu pai, têm tais e tais problemas, tais e tais defeitos, e você é a causa deles», levaríamos uma surpresa.

«Como assim?», retrucaríamos. «Eu, que tenho que sofrer esses defeitos, ainda por cima sou culpado deles?» Pois sim, muitas vezes o somos.

Tomemos por exemplo um honesto pai de família, trabalhador abnegado, daqueles que «só vivem para a família». Trabalha em dois empregos e volta cansado ao lar. Ao mesmo tempo, tem um temperamento fechado, não é homem de muitas palavras. Os familiares veem-no soturno e calado, e não se atrevem a interferir no seu aparente mau humor. Caso lhe perguntem: «Está aborrecido? Acontece-lhe alguma coisa?», responderá, com olhar de surpresa, que não lhe acontece nada. Talvez acrescente: «Sou assim mesmo, é o meu jeito».

Ora, acontece que esse «jeito» é uma barreira. Bloqueia o diálogo com a esposa e os filhos. A mulher, sentindo-se cada vez mais isolada, sem poder compartilhar as suas fadigas com o marido, irá ficando cada vez mais nervosa e multiplicará as faltas de paciência com as crianças. O marido lamentará que os nervos da mulher estejam criando um ambiente pesado no lar. Mas nem lhe passará pela cabeça que foi ele quem o provocou, com a sua cômoda abstenção. Se tivesse aprendido a chegar ao lar sorrindo, acolhendo, interessando-se pelos problemas da mulher e dos filhos, teria criado condições para um diálogo amável. Teria facilitado um clima cordial, em que os nervos dos outros se dissolveriam. E haveria paz.

De modo análogo, podemos pensar no chefe de um escritório que reclama da falta de iniciativa de um dos seus subordinados: acha que é um homem sem garra no trabalho, que lhe falta entusiasmo e realiza as suas tarefas de modo rotineiro e como que a contragosto. Certamente, este não é o estado de ânimo ideal para um trabalho dinâmico e criativo. Mas de quem é a culpa? Pode muito bem suceder que semelhante inibição e falta de eficiência do empregado tenha sido provocada por esse mesmo superior, que nunca soube incentivá-lo, nem teve paciência para ensiná-lo, nem lhe ofereceu o estímulo de uma palavra positiva, que fizesse o outro sentir-se valorizado. Só soube cobrar e criticar. A culpa, sem dúvida nenhuma, é do chefe.

Isto é dificultar o bem dos outros com os nossos defeitos e as nossas omissões. Aí não há bondade, porque não lhes fazemos bem.

Modos de amar

Conta-se de um velho almirante da reserva que, quando queria pintar a fachada da sua casa — vivia numa cidade onde era costume pintá-las pela primavera —, mandava o pintor à casa do vizinho que morava em frente, para lhe perguntar de que cor gostaria que a pintasse. O bom velhinho explicava esse seu modo de proceder dizendo: «Afinal, ele, o vizinho, é quem ficará vendo a fachada todos os dias; é natural que eu a pinte ao gosto dele». É uma delicada transparência do coração do homem bom, que vive sempre voltado para o bem e para a alegria dos outros, e nisso encontra a sua maior satisfação.

Isto faz pensar nas nossas atitudes e, concretamente, na facilidade com que incorremos num erro de perspectiva: com a melhor das boas vontades, dedicamo-nos a amar os outros «ao nosso modo», mas esquecemo-nos de amá-los «ao modo deles», o que seria muito melhor.

Entendamo-nos. Não basta dizer, quando nos preocupamos em ajudar os outros: «Faço isto pelo seu bem». É necessário ter uma fina intuição para fazer «isto» do «modo» que contribua mais eficazmente para o seu bem.

Um pai que corrige o filho, imediata e energicamente, todas as vezes que depara com uma desobediência ou uma irresponsabilidade, pode estar intimamente convencido de que atua «apenas e tão somente» pelo bem desse filho. E, caso o garoto se lhe torne revoltado, mentiroso e desleal, sentir-se-á profundamente magoado, ao mesmo tempo que se lamenta: «Depois de tantos desvelos, de tanta dedicação para educá-lo...»

Esse pai, por mais que se sinta magoado e recrimine a ingratidão do filho, não está com a razão. E não está precisamente porque não foi capaz de amá-lo «ao modo dele», isto é, procurando o «modo» mais fecundo de lhe fazer o bem.

Com isto, já estamos esclarecendo que, quando dizemos «ao modo dele», não pensamos que o amor paterno deva acomodar-se a todos os caprichos e vontades do filho. Se fizesse isso, esse pai cairia naquela «bondosidade mole» que mais destrói do que edifica. A expressão «ao modo dele» significa, neste caso, o esforço da mente e do coração por acertar com a maneira realmente eficaz de ajudar o filho a ser melhor.

Podemos dar por certo que esse mesmo pai, se tivesse atuado com mais paciência e, sobretudo, se tivesse dedicado mais tempo a fazer-se amigo do filho, conseguiria que as suas correções fossem construtivas. É muito fácil «cair em cima» e dizer «eu tenho razão». Já foi lembrado por alguém que, por ter razão, até agora ninguém foi para o céu. É muito mais profícuo guardar a razão, ao menos provisoriamente, no bolso, e pensar seriamente: «Como posso mesmo ajudá-lo a melhorar?»

Não tenhamos dúvida de que o pai em foco ajudaria imenso se gastasse mais algum tempo no fim do dia, e nos fins de semana, a sair, jogar bola, discutir música e conversar com o filho, tornando-se assim o seu melhor amigo. Nesse clima de amizade confiante, poderia orientá-lo e corrigi-lo, quando fosse o caso, com palavras cheias de credibilidade, já que o filho perceberia que, se o pai o contraria, não é por ser um maníaco perfeccionista nem por estar irritado, mas porque gosta dele e o quer ajudar. É a isto que chamamos amar «ao modo» dos outros. Uma arte extremamente necessária e certamente nada fácil. Só o amor generoso é capaz de aprendê-la.

A pedra preciosa

São Josemaria Escrivá, um sacerdote que irradiou bondade, despertando milhares de corações para o bem, costumava dizer que cada pessoa, cada alma, deve ser tratada como uma *pedra preciosa*.

Não existem duas pedras preciosas idênticas, que possam ser lapidadas da mesma maneira. O bom lapidador estuda-as uma a uma, e daí tira conclusões sobre o modo de extrair o máximo de perfeição e beleza de cada uma delas.

Assim deve ser com as almas. O estudo atento do lapidador é, neste caso, a afetuosa atenção que prestamos a cada pessoa, esforçando-nos por compreender o seu modo de ser, o porquê das suas arestas e pontos frágeis, as linhas em que melhor pode ser «trabalhada». E o modo de tratá-la, de ajudá-la, decorrerá dessa prévia compreensão.

Para tanto, não é necessário possuir conhecimentos muito especializados de psicologia. Basta a psicologia do afeto, que proporciona uma profunda acuidade aos olhos. O amor de uma mãe não precisa de manuais de psicologia para intuir, de modo certeiro, o que está acontecendo com o filho. Basta o carinho, o interesse e a vontade de se dar.

Não esqueçamos, por outro lado, que todo o bom lapidador é paciente, o que significa que tem a consciência de que, para transformar um diamante bruto num esplêndido brilhante, vai precisar de longo tempo, de trabalho minucioso, e que só pouco a pouco irá progredindo no seu lavor.

Eis aqui outra das manifestações da autêntica bondade. Assim como a bondade mole se compõe de superficiais pinceladas de amabilidade, a verdadeira bondade traduz-se numa dedicação infatigável. Dá-se sem pausa, espera sem cansaço e não desiste jamais.

Persiste incansavelmente, sem abrandar a generosidade da entrega, até ver despontar finalmente os frutos; e aguarda confiante — permita-se-nos repeti-lo — que as «sementes de bondade» dos outros acabem por germinar. A doação de um homem bom nunca é estéril.

O tesouro verdadeiro

Com as reflexões anteriores, procuramos desenhar um quadro da bondade atuante. Agora, olhando com perspectiva essa pintura, é necessário concluir que, dentre os traços do quadro, talvez esteja faltando ressaltar o principal.

A razão é simples. Todas as cores que se juntam para compor a luz da bondade apontam para uma única finalidade, várias vezes recordada ao longo destas páginas: fazer *o bem*. Por isso, o que é realmente decisivo é ter uma ideia clara sobre o verdadeiro conceito de *bem*. De nada adiantaria empenharmo-nos generosamente em fazer o bem aos outros, se, no final das contas, terminássemos por descobrir que, pretendendo ajudá-los, involuntariamente lhes fizemos mal ou, o que vem a dar na mesma, lhes proporcionamos bens fictícios e omitimos o bem real. Daí a grande importância de não perdermos nunca de vista qual é o verdadeiro bem do homem, o *único bem*, sem o qual nenhum dos outros merece esse nome.

A resposta a essa pergunta sobre o bem já foi dada por Cristo: *Que aproveita ao homem ganhar o mundo inteiro se vier a perder a sua alma? Ou que poderá dar o homem em troca da sua alma?* (Mt 16, 26).

Estas palavras brilham como um lampejo no meio da escuridão. Nenhum «bem» vale a pena se a alma estiver privada da vida da graça de Deus. Com efeito, sem a graça divina, uma alma está morta e, então, as melhores qualidades e «bens» de que possa dispor não passam de flores vistosas enfeitando um cadáver. Estando ausente a vida, «de que aproveitam» as flores?

Deveriam pensar mais nisto todos os que amam, todos aqueles que, por terem a fé cristã, são capazes de compreender a perspectiva de Cristo. Sim, deveríamos entender que «querer bem» outra coisa não é que «querer o bem» do próximo, e que não há bem algum quando falta Deus.

«A quem tem Deus — dizia Santa Teresa de Ávila — nada lhe falta». A quem não o tem, podemos acrescentar, nada lhe aproveita.

É excelente, sem dúvida, o empenho dos pais em que os filhos tenham saúde, cultura, bem-estar, capacitação profissional que lhes permita enfrentar com segurança o futuro. Mas é um empenho muito mais excelente e *vital* — por ser decisivo, questão de vida ou morte — esforçarem-se com a sua oração, o seu exemplo e uma orientação prudente e contínua, para que os filhos conheçam as verdades da fé cristã — a doutrina salvadora de Cristo — e aprendam a praticá-las. Podem ter a certeza de que as virtudes cristãs de um filho vão fazer-lhe, ao longo do dia, um *bem* infinitamente maior do que todos os diplomas ou contas bancárias que lhes possam proporcionar. Mil vezes mais vale a fé do que a saúde, a união com Deus do que o sucesso. Só as virtudes cristãs são os *tesouros* verdadeiros de que Cristo falava (Mt 6, 19-20). E só esses tesouros proporcionam àqueles que amamos a «realização» — o bem e a plenitude —, quer nesta terra, quer na eternidade.

Sem esta convicção, todos os ideais de bondade se dissolvem como um sonho ilusório. Sempre deveria ecoar em nossos ouvidos, como um roteiro de bondade, o segredo que Cristo confidenciou a Marta: *Tu te inquietas e te perturbas por muitas coisas; no entanto, uma só coisa é necessária. Maria escolheu a melhor parte, que não lhe será tirada* (Lc 10, 41-42). A «melhor parte» é estarmos junto de Cristo, atentos às suas palavras, fazendo da Vontade de Deus a luz e o norte da vida. Aí está o verdadeiro bem do homem.

* * *

Começávamos estas páginas constatando que uma das impressões mais gratas e indeléveis da vida é ter conhecido um homem bom. Ao encerrá-las com estes últimos pensamentos, talvez seja o momento de tomarmos consciência de que esse *homem bom*, deveríamos sê-lo cada um de nós. Afinal, foi para isso que Deus nos pôs no mundo, e a nós nos cabe — com a sua ajuda — trabalhar por consegui-lo.

Não duvidemos de que, quando o curso desta nossa vida terrena se encerrar, uma das nossas maiores alegrias será olhar para trás e ver que a nossa passagem pelo mundo não foi inútil. Valerá a pena termos vivido se, nessa hora definitiva, pudermos dizer que, pela misericórdia divina e apesar das nossas misérias, tivemos a graça de ser um reflexo da bondade de Deus nos corações dos homens.

Direção geral
Renata Ferlin Sugai

Direção editorial
Hugo Langone

Produção editorial
Juliana Amato
Gabriela Haeitmann
Ronaldo Vasconcelos
Daniel Araújo

Capa
Provazi Design

Diagramação
Sérgio Ramalho

ESTE LIVRO ACABOU DE SE IMPRIMIR
A 30 DE SETEMBRO DE 2024,
EM PAPEL OFFSET 90 g/m².